5S Tracking

Area	Date	Date	Date	Date	Date	Date	Date	Date

Green **Satisfactory 5S Compliance**

Yellow **Minimum 5S Requirements**

Red **Area needs Immediate Attention**

5S Tracking

Area	Date	Date	Date	Date	Date	Date	Date	Date

Green **Satisfactory 5S Compliance**

Yellow **Minimum 5S Requirements**

Red **Area needs Immediate Attention**

5S Tracking

Area	Date	Date	Date	Date	Date	Date	Date	Date

Green **Satisfactory 5S Compliance**

Yellow **Minimum 5S Requirements**

Red **Area needs Immediate Attention**

5S Tracking

Area	Date	Date	Date	Date	Date	Date	Date	Date

Green **Satisfactory 5S Compliance**

Yellow **Minimum 5S Requirements**

Red **Area needs Immediate Attention**

5S Tracking

Area	Date	Date	Date	Date	Date	Date	Date	Date

Green **Satisfactory 5S Compliance**

Yellow **Minimum 5S Requirements**

Red **Area needs Immediate Attention**

5S Tracking

Area	Date	Date	Date	Date	Date	Date	Date	Date

Green **Satisfactory 5S Compliance**

Yellow **Minimum 5S Requirements**

Red **Area needs Immediate Attention**

5S Tracking

Area	Date	Date	Date	Date	Date	Date	Date	Date

Green **Satisfactory 5S Compliance**

Yellow **Minimum 5S Requirements**

Red **Area needs Immediate Attention**

5S Tracking

Area	Date	Date	Date	Date	Date	Date	Date	Date

Green **Satisfactory 5S Compliance**

Yellow **Minimum 5S Requirements**

Red **Area needs Immediate Attention**

5S Tracking

Area	Date	Date	Date	Date	Date	Date	Date	Date

Green **Satisfactory 5S Compliance**

Yellow **Minimum 5S Requirements**

Red **Area needs Immediate Attention**

5S Tracking

Area	Date	Date	Date	Date	Date	Date	Date	Date

Green Satisfactory 5S Compliance

Yellow Minimum 5S Requirements

Red Area needs Immediate Attention

5S Tracking

Area	Date	Date	Date	Date	Date	Date	Date	Date

Green **Satisfactory 5S Compliance**

Yellow **Minimum 5S Requirements**

Red **Area needs Immediate Attention**

5S Tracking

Area	Date	Date	Date	Date	Date	Date	Date	Date

Green **Satisfactory 5S Compliance**

Yellow **Minimum 5S Requirements**

Red **Area needs Immediate Attention**

5S Tracking

Area	Date	Date	Date	Date	Date	Date	Date	Date

Green **Satisfactory 5S Compliance**

Yellow **Minimum 5S Requirements**

Red **Area needs Immediate Attention**

5S Tracking

Area	Date	Date	Date	Date	Date	Date	Date	Date

Green **Satisfactory 5S Compliance**

Yellow **Minimum 5S Requirements**

Red **Area needs Immediate Attention**

5S Tracking

Area	Date	Date	Date	Date	Date	Date	Date	Date

Green **Satisfactory 5S Compliance**

Yellow **Minimum 5S Requirements**

Red **Area needs Immediate Attention**

5S Tracking

Area	Date	Date	Date	Date	Date	Date	Date	Date

Green **Satisfactory 5S Compliance**

Yellow **Minimum 5S Requirements**

Red **Area needs Immediate Attention**

5S Tracking

Area	Date	Date	Date	Date	Date	Date	Date	Date

Green **Satisfactory 5S Compliance**

Yellow **Minimum 5S Requirements**

Red **Area needs Immediate Attention**

5S Tracking

Area	Date	Date	Date	Date	Date	Date	Date	Date

Green **Satisfactory 5S Compliance**

Yellow **Minimum 5S Requirements**

Red **Area needs Immediate Attention**

5S Tracking

Area	Date	Date	Date	Date	Date	Date	Date	Date

Green **Satisfactory 5S Compliance**

Yellow **Minimum 5S Requirements**

Red **Area needs Immediate Attention**

5S Tracking

Area	Date	Date	Date	Date	Date	Date	Date	Date

Green **Satisfactory 5S Compliance**

Yellow **Minimum 5S Requirements**

Red **Area needs Immediate Attention**

5S Tracking

Area	Date	Date	Date	Date	Date	Date	Date	Date

Green **Satisfactory 5S Compliance**

Yellow **Minimum 5S Requirements**

Red **Area needs Immediate Attention**

5S Tracking

Area	Date	Date	Date	Date	Date	Date	Date	Date

Green **Satisfactory 5S Compliance**

Yellow **Minimum 5S Requirements**

Red **Area needs Immediate Attention**

5S Tracking

Area	Date	Date	Date	Date	Date	Date	Date	Date

Green **Satisfactory 5S Compliance**

Yellow **Minimum 5S Requirements**

Red **Area needs Immediate Attention**